BARDACHD CHALUIM RUAIDH

Calum MacNeacail
á Bràighe Phort-rìgh

GAIRM
Glaschu
1975

Air fhoillseachadh an 1975 le
GAIRM
29 Sràid Waterloo, Glaschu, G2
Clò-bhuailte le
Martin Dawson,
Obar-Dheadhain

SBN 901771 49 X

Thug an Comunn Leabhraichean Gàidhlig
cuideachadh do'n luchd foillseachaidh
gus an leabhar seo a chur an clò

BARDACHD CHALUIM RUAIDH

CLO-BHUALAIDHEAN GAIRM—Leabhar 40

Bha ùidh agam riamh ann am bàrdachd agus bha móran bàrdachd a' dol 's a' Bhràighe an uair a bha mise òg. Bha céilidhean a' dol an uair ud agus bha meas air òrain éibhinn aig na céilidhean sin.

Bha mise còmhla ris na bàird a h-uile cothrom a gheibhinn. An uair nach bithinn ri m' fhaicinn mu'n cuairt, 'sann còmhla ris na fir ud a bhithinn, Niall Ceannaiche agus Teàrlach a Phosta. Bha seann òrain a' dol cuideachd agus feumaidh mi aideachadh gun do thog mi gach seòrsa an uair a bha mi glé òg.

Cha robh mi ach naoi-bliadhna-deug an uair a rinn mi a' cheud òran. 'Se chuir gu bàrdachd mi gun robh an teaghlach againn a' fàgail Ghead an t-Sailleir agus a' dol a dh'fhuireach a Chamustianabhaig. Bha mise smaoineachadh nach bithinn beò air falbh o mo chàirdean agus mo luchd-eòlais. Thug mi greis an uairsin thall 's a-bhos agus rinn mi corra òran éibhinn. Bha sin a' còrdadh ri daoine oir bha iad a' smaoineachadh nach b' fhiach òran mur a toireadh e gàire air duine.

Co-dhiùbh, chaidh na bliadhnaichean seachad. Thàinig cogadh mór eile, thàinig bròn is mulad, agus thug gach tachartas a bh'ann orm smaoineachadh air cuspairean eile air taobh a muigh àrainn a' Bhràighe 's an Eilein Sgiathanaich. Cha bu mhath leam, ged tha, gun beachd a ghabhail air suidheachadh mo chuid dhaoine fhìn agus suidheachadh an àite do 'm buin mi.

Thug mi greis air falbh bho'n taigh 's a' chabhlaich-adhair aig àm a' chogaidh mu dheireadh, ach feumaidh mi aideachadh nach do chuir gach ulla-thruis a bh'ann gu bàrdachd idir mi. Rinn mi aon òran Beurla, ach cha tàinig bàrdachd Ghàidhlig thugam idir. Bithidh mi smaoineachadh gum feumainn a bhith air mo shitig fhéin mun tigeadh bàrdachd thugam. Tha mi air a bhith an sin o chionn iomadh bliadhna a nis agus anns na bliadhnaichean sin, rinn mi barrachd bàrdachd na rinn mi riamh roimhe sin. Tha cuspairean de gach seòrsa a' bualadh orm, gnothuichean baile agus cùisean an t-saoghail mhóir.

Lean mise an seol bàrdachd a b'aithne dhomh, an seol bàrdachd a bha dol 's a' Bhràighe an uair a bha mise òg. Tha bàrdachd ùr a' dol an diugh, ach feumaidh mise cumail ris a' bhàrdachd a b'aithne dhomh agus ma chòrdas i rium fhìn, bithidh mi an dòchas gun toir i beagan toileachais do luchd-

5

leughaidh thall 's a-bhos. Ma bhios sin mar sin bithidh mise riaraicht.

Cha do shaoil mi riamh gun cuirinn ri chéile gach bàrdachd a rinn mi, agus tha mo thaing aig gach neach a thug misneach agus cuideachadh dhomh ann a bhith a' dèanamh sin.

Bu mhath leam taing shonraichte a thoirt do Mhórag NicLeòid airson leth-bhreac a sgrìobhadh de na h-òrain a thug mi do Sgoil Eòlas na h-Alba; do Iain Alasdair MacDhòmhnaill, no nàbaidh, airson sgioblachadh a dhèanamh air an taghadh a rinn mi; agus do Iain Moireach airson gach misneach agus gach cuideachadh a rinn e ann a bhith a' cur an leabhair an clò.

Tha mo thaing cuideachd aig Comunn Leabhraichean Gaidhlig airson a' chuideachadh airgid a thug iad seachad agus aig ar seann charaid *Gairm* airson uallach a' chlò-bhualaidh a ghabhail os làimh.

CALUM RUADH MACNEACAIL
An Dùdlachd, 1973

CLAR-INNSIDH

AM BARD

'S tric thuirt riùm-sa mo mhàthair
"Chaluim a ghràidh, nach stad thu dhith
'Si bheir fhathast dhut am bàs,
Chan eil mo dhàil-sa fada leat."
Hug oirinn ó hi ri illó

Fhuair mi bhuaipe gibht nam bàrd
Bha 'n Dòmhnall Bàn an ceannaiche;
'Se siud dh'fhàg mise snìomh nan dàn,
'S a dh'fhàg a' ghràin 's a' bhaile orm.
Hi ri ill ù ill agus ó

Bha 'nam shinnsear Iain Stiùbhard
'S fhad 'na smùr fo'n talamh e,
Bàrd cho math 's a bha 's an dùthaich
Fhuair e cliù nach d' dhealaich ris.
Hi ri ill ù ill agus ó

Cha cholaich mi e ri Rob Donn,
No 'n sonn Mac Mhaighstir Alasdair;
Cha b'ann domhain a bha rann
Ach gearradh-cainnt mar fhasan aig'.
Hi ri ill ù ill agus ó

Chomhairle chuireas mise bhuam
Air luchd droch thuaileis sgannalach:
Iad chreidsinn seo gu math luath —
Tha Calum Ruadh glé fhaisg orra.
Fail u ill ù ill agus ó

ORAN AN T-SIDHICHE

Air oidhche dhòmhsa 's mi 'nam chadal
'N Taigh a' Chreagain nuair a chual' mi
Bualadh fann air an uinneig,
Dh'fhàg e mo chridhe luaineach;
Rinn mi éirigh 'na mo shuidhe
Leig mi m'uilinn air a' chluasaig,
Nuair chunna mi leannan-sìdhe
'S còmhdach sìoda oirre mu guaillean.

Dh'èigh i, "Bheil thu sin, a Chalum?
Dùisg a charaid ás do bhruadar;
'S tric thusa dèanamh òran
'S dhòmhsa gun dèan thu duanag
Cuiridh tu dh'ionnsaigh a' mhòid e
'S coisnidh e 'm bonn òr mar dhuais dhut;
Mise Diodrai á Dùn-Cana
'S ann o'n talamh tha mo shuaimhneas."

Bheachdnaich mi oirre 's mi prabach,
Air an ainnir bu ghlan snuadhaidh,
Sùilean gorm aic' mar an dearcaig
Fo caol-mhala 's i gun ghruaim oirr',
Gruaidhean mar na ròsan lasadh,
Slios mar chanach nan cluantan,
Deud cho geal ri cailc bu bhòidhche,
Falt air dhath an òir m'a guaillean.

Bha guth cho binn ri smeòrach Earraich,
Air an talamh seo cha chualas
Leamsa riamh a thogadh m'aigne,
'S gun do dh'éirich m'fhalt le uamhas,
Thuirt i rium, "A rùin 's a thasgaidh,
Cha bhi mise fada bhuatsa
Cruachaidh mi dhut a' mhòine
'S cha bhi gainne lòin no guail ort.

"Bheir mi nall g'ad ionnsaigh bata
A ghléidheas tu 's gach cath is buaireadh
A tha buailteach tighinn ad char-sa,
'S tu ri earrannan is dhuanan;

Feuch gun gléidh thu 'm maide sàbhailt
Bheir e às gach càs is cruadhs thu,
Bha e ann an cùirtean Phàra,
'S fhuaireadh tràighte 's a' Mhuir Ruaidh e.
''Tha bratach shìdheadh leinn 'n Dun-Bheagain,
Bha i ann fad mìle bliadhna;
Gun toir mise o Chlann 'ac Leòid i,
'S thig i Thròdarnais g'ar dìon ann;
Boinidh tusa dha na Leòdaich
Caisteal Bhròchaill ás na thriall sibh,
Chaoidh na sgaoil a' bhratach shròl seo
Cùm i ann a' sèomar tèaruint'.

''Na dh'inns iad riamh dhut mu Mhol-Stamhain,
'S mar tha 'n cladach ad 's gaoth tuath air?
Obair bhana-bhuidsichean Shàtain
Dh'fhàg an t-àite ad 'na chùis uamhais;
Fada air falbh gun cluinnt' an gàir air
Caoidh an àrmuinn 's an duine-uasail,
Iain Garbh mac Gille Chaluim
'S dùil gun d' chailleadh anns a' chuan e.

'''S ann a' tighinn a-nall á Leódhas
Bha MacLeòid, a' leómhann uaibhreach;
E fhéin is gaisgich Chaisteil Bhròchaill,
'S ann a siud bha 'n còmhlan uasal!
Dhe 'n an fhìor fhuil Chlann 'ac Leòid iad,
Ann am modh 's am pròis 's an tuasaid,
Le dùrachd Dhun-bheagain is Ródal
Agus Steòrnabhaigh a' chuain leoth'.

''An grath a bh'air a' chuan, a Chaluim,
Dh'éirich e 'na chnapan còmhladh;
Cha robh sgeul air na Hearadh,
Chailleadh gamhnaichean Leódhais;
Feannag a' sgiathail m'a toiseach
A thàinig a' follais á sgòthan
Air a piobrachadh o'n donas
Toirt a mollachd air na Leòdaich.

''I plapail a measg shiùil is chrannaibh,
Air na sparran 's air na ròpan;
Laigheadh i air a cliathaich
Air a slìosaid 's air a bhòm aic';

Tharruing Iain Garbh an claidheamh
Gus an fheannag a leònadh
'S an àite bualadh, sgoilt e 'm bàta
'S chaidh iad air an t-snàmh, na Leòdaich.

"Chaidh a' mhuir 'na h-aona h-àmhuinn,
Bha 'm pronnusc a' deàrrsadh le garbh ghleachd;
Sìdhichean Dhùn-Cana 's a' Sàtan,
'S àd a' beàr air bhàrr na fairge;
Mise a' stiùireadh mo chàirdean
M'an d'thugadh an nàmhaid buaidh orr',
'S a dh'aindeoin an Diabhull is ainglean
Chùm sinn ceann Iain Ghairbh an uachdar.

"Tharruing mise e ás a' làthaich
'S gum b'e sin an sàr dhuine-uasal;
Ghiùlain e gu talamh tràighte
'S tha e beò is slàn is uallach
Bithidh e tric a' dol a Feàrna
Chì iad ann an Glàm e uairean
'S bheir mi oidhche nall a Bhràigh e
'S feuch gun cuir thu fàilt, a luaidh, air.

"Fear de phìobairean Mhic Criomain
Còmhla ruinne 's gum b'e seud e,
Thàinig e á Uamh an Oir oirnn
Chumail ceòl ruinn mar a dh'iarr sinn;
Faodaidh tusa tighinn, a bhròinein,
'S bithidh tu beò a seo gu sìorruidh
Far nach cluinn thu caoidh no bròn ann
H-uile sòlas gu do mhiann ann.

"Thàinig mi thar an aiseig
Ged bha 'n oidhche greannach fuar leam,
'S tha mo chàirdean aig Dùn-Cana
Feitheamh ri earrann bhuatsa;
Cuimhnich nis gun dèan thu 'n t-òran."
'S fhreagair mi gu deònach luath i
"Nì mi airson a' Mhòd e,"
'S shiubhail an òg-bhean uaine.

ORAN A' MHAIDE

Séisd:
Hi horó 's gun d'fhuair mi maide,
O horó 's gun d'fhuair mi maide,
Hi horó 's gun d'fhuair mi maide,
'S fhad' o'n chaidh a ghealltainn.

Seo am maide rinn an gàire
Nuair a chunnaic iad 's a' Bhràighe e,
'Sann bha cuid a bh'ann ag ràdh,
'Se *Harry Lauder* chaill e.

'Sann a tha iad air am mealladh,
Chaidh a bhuain an Tìr a' Gheallaidh,
Bha e aig lòna 's a' mhuic-mhara
'S shad e a's an doimhn' e.

Bha e greis an Cùirtean Aàroin,
Shiubhail e leis 's an fhàsach,
'S fhuair iad 's a' Mhuir Ruaidh e tràighte,
'S dh'fhàs a' chromag càm air.

Thàinig e a sin air astar
Thar a' chuain 's e dol fo'n talamh,
Leis a' ghruagaich tha 'n Dùn Cana —
Seo e am maide gheall i.

Chuala mise tràth air maduinn
Pìobaireachd is ceòl is caithream
Foirm dhannsairean 'nan tarruing
Bualadh chas 's air làimh ac'.

Dh'éirich mi ás an leabaidh
Dh'fhaicinn dé bu sgialt dha'n aighear,
Sìdhichean air beul an taighe,
Seatadh null 's a-nall ann.

Thàinig iad leis a' mhaide
Nall 'gam ionnsaigh á Dùn Cana,
'S shìn iad dhòmhs' e a's an dorus,
'S thug mi mìle taing dhaibh.

ORAN A' BHRADAIN

Horo hù hì ill ù o,
'S mi bha sunndach ruith a' bhradain,
Horo hù o hì ill ù o.

Seo mar bh'ann 'se seo an fhìrinn
Dh'fhalbh mi fhìn air sgrìob 's a' mhaduinn,
Horo hù hì ill ù o.

Gus am faicinn am buntàta
a chuir mi gu tràth as t-Earrach,
Horo hù hì ill ù o.

Chaidh mi sin chun a' lòin
aig an òb ri taobh na caradh,
Horo hù hì ill ù o.

Chunna mi e, bradan tarrgheal
's e mar airgiod a' lasadh,
Horo hù hì ill ù o.

Leum mi stigh airson a mharbhadh
's mi gun arm gun mhaide,
Horo hù hì ill ù o.

Anns a' chladach gu math luath mi
's mi 'ga bhualadh le mo chasan,
Horo hù hì ill ù o.

Fuil a' bhradain air mo chòta
's mi 'ga dhòrnadh 's a' chlaigeann,
Horo hù hì ill ù o.

Fuil a' bhradain air mo léine
's cha robh géilleadh 's an t-sabaid,
Horo hù hì ill ù o.

Shaoilinn gur e cathadh làin
bh'air an tràigh ann le chuid lannan,
Horo hù hì ill ù o.

Chunna mi tighinn far a' chuain i
chailin ruadh sin á Dùn-Cana,
Horo hù hì ill ù o.

Dh'éigh i, "Beir air mu'n a' gharbhan
s' ni thu mharbhadh, a Chaluim,
Horo hù hì ill ù o.

Nach d'thuirt mise riutsa bhròinein
gum biodh lòn agad ri d' mhaireann."
Horo hù hì ill ù o.

ORAN DO'N CHUILDHIONN

M'àite còmhnuidh an Creagan,
Aite deasachadh m'óran
Dha gach nì bhios mu'n cuairt domh
'S tric fo ghruaim is gun dòigh mi,
Thig an còmhnuidh air m'inntinn
Liuthad rann agus gòraich
Is car searbh chuir a' chuibhle
Dh'fhàg e m'inntinn-sa brònach.

Cha b'e siud a bha 'n dàn domh
Anns an àite seo còmhnuidh,
Ach gum bithinn mar tha mi,
Ged nach bàrd mi, ri òran;
'Se Dùghall Caimbeul air chuairt
Fuireach shuas anns an Olach,
Thuirt e, "Chaluim, dèan rann
Dha'n a Chuildhionn 's a mórachd."

Bha 'n gnothuch ro dhoirbh leam
O gu dearbh bha siud dhòmhsa.
Nach do shreap mi iad riamh,
'S ciamar dhèanainn dhaibh òran;

Dha gach sgurr agus frìth
Tha 'n diugh sgrìobht' ann an clò ac',
A bhois cuimhn' aig gach linn
Air na rainn rinn MacLeòid dhaibh.

Ach thàinig fir uasal
Air chuairt a bha eòlach,
Coinneach Mac Dhonnchaidh,
Fearchar Mac an Tòisich,
Sgoilearan ainmeil
A Ealgholl' na seòid ud;
Dh'innis iad dhòmhsa gach ainm bh'ann,
'S rinn mac-meanmhainn an còrr.

O nach taitneach 'ga ìnnse
Chuile nì ann an òrdugh,
Sgurr nan Gillean 'ga dìreadh,
Bruach na Frìtheadh le bòidhchead,
Sgurr 'ac Coinnich, Sgurr Dearg
Far na mharbhadh ann móran,
Faicinn sealladh air Blàth-bheinn
Coimhead Ghlàmaig 's a mórachd.

Dol troimh Choire na Creicheadh
Far robh 'n cath aig Clann Dòmhnaill
Agus Leòdaich Dhun-Bheagain,
Fir nach teicheadh nam b' bheò iad,
Blàr na Cailliche Cama,
'Se a bh'ann 's rinn an dòrtadh
Air an fhuil bha 's an tuasaid
Chaidh a' ruaig air na Leòdaich.

Druim nan Ràmh 's Druim nan Aighean,
Gur iad m'aighear 's mo shòlas
Bhith 'gan siubhal air maduinn
Dh'fhaicinn maise nam mór-bheann,
Is a' ghrian air an adhar
Sguabadh thairis nan neòil dhith,
Chì mi Chìoch 's Sgurr a' Mhadaidh,
Sgurr Alasdair 's ceò oirr'.

Bheir mi sùil a sin sìos dhìom,
Chì mi riaghladh na glòire,
Chì mi Ealgholla riabhach
Le ghobhair fhiadhaich a' còmhnuidh;
Ann am fradharc mo shùilean
Chì mi Rùm agus Sòaigh,
Chì mi Uibhist nam fuar-bheann,
Fada bhuam chì mi Leódhas.

'S a' Choir-uisg a' choir' àluinn,
Seo a' cheàrnaidh tha sònruicht;
Ann am Beurla 's an Gàidhlig
'S lìonmhor bàrd rinn dhi òran;
Cha ghabh e ìnns' ann an dàn
No air clàr dhuibh a mórachd;
Bha Cu-Chulainn a' snàmh ann,
B'e seo àite 'na òige.

Nach robh còir ùmhlachd shìorruidh
A dhèanamh 's cha bheò e,
Do dh'Iain Mac Coinnich bha Sgobhsair,
Siud a' chom a bha eòlach;
Chan eil creag 's chan eil frìth
Nach do dhìrich e òg iad,
Sgurr 'ac Coinnich le ainm oirr,
Morton, 's dh'aithnicht' 's an Roinn-Eòrp e.

Ni mi nise co-dhùnadh,
Seo mo dhùrachd 's mo dhòchas,
Gu faic a' fear siùdain
Rathad cùrsa dha m' òran;
Dh'fhàg mi 'n tàrmachan sgiamhach
Seo gu fìor àite chòmhnuidh
Leis an iolaire Sgitheanach
'S is' tha riaghladh nan neòil ann.

ORAN CHUIL-LODAIR

Bha Diùc Uilleam ann an Inbhir Narainn,
Ceann feadhna Arm Rìgh Sheòrais
Tighinn air tòir a' Phrionnsa
Teàrlach Stiùbhard bòidheach;
Dol a chath airson a' chrùin,
'Se sud a dhùisg a' chòmhstri,
'S tha an t-arm a nis air teannadh dlùth
'S gu faic sinn toirm na mórachd.

Thachair iad an diugh ri chéil'
'S chaidh Clann nan Gaidheal an òrdugh;
Sheas mu 'n coinneamh an t-Arm Dearg
Bha ainmeil 's an Roinn Eòrpa.
Chaidh na gunnachan gu stoirm
'S las fearg air Clann an Tòisich;
Rinn iad air fir Shasuinn 'nan leum
Le geur-lann 's fùil 'ga dhòrtadh.

Bha na Camshronaich 'nan déidh
Nach géilleadh fhad's bu bheò iad,
Frisealaich 's Stiùbhardaich air gach làmh dhuibh
Armuinn air bheag tròcair;
Clann 'ic Lachluinn, Clann 'ic Ille Bhraigh
A' dol a sàs 's a' chòmhraig;
Chunna mis iad far an fhaire
'S càite robh Clann Domhnaill?

Bha mi air druim an rainnich thall
'S bu gheamhrachail na neòil air,
Clachan-meallain o'n iar-thuath
An aodann sluagh nam mór-bheann;
Thug sin do Shasuinn a' bhuaidh
Is cha b'e cruadhs no foghainteachd
'S tha an cath a nis air tighinn gu ruaig
'S mo thruaighe na bhios leòinte.

Chì mi nis Arm a' Phrionnsa
Call an grunnd gu mór ann;
Tha an cuid cheannardan 'nan sìneadh
'S cinnteach mi nach beò iad,
Uachdarain a' bhreacain rìomhaich
Dìleas mar bu chòir dhaibh;
Bha iad 'nan iolairean 's an tìr
'S a h-uile nì fo spògan.

Cha do dh'ainmich mi fir Athall,
Siosalaich is Clann 'ic Fhearchair,
No Clann 'ill Eathain dhruimfhinn uaibhrich
Chaidh an Ceannard uasal orra mharbhadh;
Thuit an dithis mhac ann leòinte
Tuilleadh ghlòir 'ga chur ri 'n ainm-san;
Bha Clann Bhucall ann 's Clann Ghòrdain
Fineachan pròiseil a Alba.

'Se an dàrna sreath de dh'arm a' Phrionnsa
Nach do sheas an grunnd gu dearbha;
Chaidh marcaichean Shasuinn mu 'n cùlaibh,
Shad iad bun os cionn air falbh iad,
Air an ruagadh 's air an sgiùrsadh,
Mosgaidean an Diùc 'gam marbhadh,
'S tha Bhréid Gheal Dhearg an diugh air fuadach
'S Teàrlach an t-Uasal air falbh leatha.

Là-na-mhàireach Tìr nan Ard-bheann
Caoidh nan àrmunn 's na fir ghaisgeil;
Luchd nam breacannan àluinn,
Nach fhaicear gu bràth aig aitreabh;
Chaidh an togail leis an nàmhaid
'S an dubhadh fo chàrn le tarcuis
Còrr is mìle dhiubh 's an àireamh
'S dùisgeam gun dàil o m' aisling.

ORAN DO'N HOOD

Fhuair sinn buille chràidhteach
A chuir an t-àit' fo bhròn;
Fhuair sinn siud mar rìoghachd
'S gun d' rinn i caoidh 's i leòint';
Mar dh'éirich dha'n a' bhàta
A b' àille bh'air cuan mór;
B'e siud a' *Hood* 's bu shuaicheant' i,
'S cha thill i Chluaidh nas mò.

Thog iad ann an Glaschu i,
'Sann dhaibh a b'aithn' 's bu chòir,
Am baile a thog na bàtaichean
Bu làidir is bu mhór;
Bha h-uile nì a b'fheàrr innte
Chuir làmhan dhaoine air dòigh;
Copar, fiodh, is iarann innt'
'Ga dìon bho mhuir is neòil.

Thàinig sin an cogadh
Leis gach mollachd bha 'na thòir;
Bha Breatuinn is a' Ghearmailt,
'S iad a' sealg air a' Roinn-Eòrp;
Bha 'm bàta seo mu thuath againn
O'n Fhearann Uain' air bhòids',
Nuair choinnich rith' am *Bismarck*
Frasan flion ann agus ceò.

An glaodh chaidh suas am Breatuinn
Nuair a chuala iad mar a bha,
Chaidh e suas an Canada,
Astrailia 's gach àit
Dh'éigh iad nach bu mhasladh dhaibh
Gad chailleadh leo am bàt,
Ach gun d'fhuair an leómhann dochann
Ged bha 'n onair aig' 's a' bhlàr.

20

Na chuala sinn mu 'n t-sabaid,
'S a chaidh aithris air le bròn,
Gun d'bhuaileadh i 's a' mhagasan
Is chailleadh na bh'air bòrd;
'S gun deach i sìos 'na lasraichean
A' tarruing leath' a' bheò
Sin còrr is mìle maraiche
A chadal 's a' chuan mhór.

An t-àrdan bha 's a' Chabhlaich seo,
Cha ghéilleadh iad le pròis;
Cha leagadh iad am brataichean
Na fanadh fear dhiubh beò;
Thug iad siud o'n sinnsearan
'S gach linn a' cur ri'n glòir;
'Se siud a dh'fhàg a' rìoghachd seo,
Bean chinn nan cuantan mór.

CUMHA ARNHEIM

Séisd:
Cumaibh cuimhn' air bàs nam fiùran,
Dìon na dùthcha seo aig Arnheim,
Cumaibh cuimhn' air bàs nam fiùran.

Cumaibh cuimhn' air bàs nan gillean,
Bha iad measail aig an càirdean;
'S lìonmhor sùil a bha deurach
Mar a dh'éirich do na h-ármuinn.
Cumaibh cuimhn' air bàs nam fiùran.

Cumaibh cuimhn' air bàs nan gaisgeach,
Gillean sgairteil tapaidh làidir
Chaidh a-null gu tìr na h-Olaind,
Is nach till ri 'm beò dha'n àite.
Cumaibh cuimhn' air bàs nam fiùran.

B' iadsan trùbaidhean nan speuran,
Foghainteach nach d' ghéill dha'n nàmhaid;
Gaisgeil, gargail, calma, fearail,
Smear nam bailtean iad 's nan àrd-bheann.
Cumaibh cuimhn' air bàs nam fiùran.

Chaidh iad a-null air Di-Dòmhnaich
Chun na h-Olaind 's ceò a' tàmh air,
Air an òrdugh o na neòil oirr'
Leoth' tha ghlòir nach fhaodar àicheadh.
Cumaibh cuimhn' air bàs nam fiùran.

Cóig latha mar a chualas,
Sheas iad gu cruaidh 's a' bhlàr ud.
Gus na theirig biadh is luaidhe,
Cha robh nuairsin dhaibh ach fhàgail.
Cumaibh cuimhn' air bàs nam fiùran.

Dh'innis Churchill do'n an t-saoghal,
Dìol nan daoine ud is an tàire.
'S nach b'ann faoin a chuirte an gluasad
Agus dha na fhuair am bàs ann.

22

CRIOCH A' CHOGAIDH

'Se seo a' bhliadhna shòlasach
Chaidh stad air còmhstri dhaor,
'S a sguir an dòrtadh faladh
air an talamh le droch dhaoin;
'S o'n chaidh an aimhreit thairis
rinn an sgaradh anns an t-saoghal,
Nach aoibhneach 'n diugh ri aithris
gu bheil againn a nis saors'.

Bithidh cuimhne air an t-samhradh seo
ré fad gach àm is linn,
Cho fad 's bhios grian is gealach ann
Cladach agus tìr;
Nuair sgrios an murtair Gearmailteach,
Chaidh armailtean fo chìs,
Nuair leag iad sìos na h-ainmhidhean
D'an ainm na Japanese.

Leugh sibh mu na daingnichean,
dha'n ainm 'n Atlantic Wall,
Chaidh thogail leis a' Ghearmailteach
air cost na Fraing gu'n Spàinn;
Cho fada suas ri Lochlann
bha chuid mhèinean air gach tràigh
'S iad deiseil le chuid champaidhean
gu nàimhdean chur 'nan smàl.

Aig Normandy gun d' sheall iad dha
Nach b'ann mar siud a bha,
Nuair dhòirt iad na *Commandos* air
air maduinn moch Di-Màirt;
Chaidh armailtean thaobh Shasuinn
gu chuid chladaichean a sàs,
'S cha b'fhada sheas am ball' ad —
Bh'e mar ghainneamh air an tràigh.

23

Nis gun dèan mi dùnadh,
is cliù thoirt air na seòid
A bhuannaich dhuinn an t-sìth,
ni sinn cinnteach ri ar beò,
An inneal sgrios a dh'ìslich
Hiroshima mhór,
Chuir siud air chrith am milltear
Hirohito 'n Tokyo.

CUMHNANTAN SITHE PHARIS

Tha rìoghachdan an t-saoghail seo
A' saothrachadh gach là,
Ag iarraidh sìth is saoirsne
Do chlann nan daoin' gu bràth;
Am baile mór na Frainge
Tha ceannardan gach àit'
A' dol a dhèanamh còrdadh
'S gu faigh Roinn Eòrpa tàmh.

Dh'fhalbh á Rioghachd Bhreatuinn
Mr Attlee is MacNeill,
Daoine fiosrach eòlach,
Daoine còire sèimh;
Ni iad sìth is còrdadh
Sin 'n dòchas aig gach trèibh;
'S bithidh freasdal beannaicht' còmhla riuth
'Gan treòrachadh 'nam feum.

Tha aon fhear leo tha mallaichte
'Se Molotov dha 's ainm;
E dìblidh cumail conais riuth
'S gam brosnachadh gu fearg;
Ach mur a gabh e comhairle
Gun coinnich e ri stoirm,
Is feuchaidh iad *Atomic* air
'S bheir sin gu fois a ghairm.

Riamh o thùs an t-saoghail seo,
Bha seòrsa dhaoin' ann riamh
Nach b'urrainn a bhith còrdte riuth,
Nach gabhadh dòigh no rian;
Bha iad ri àm Noah ann
Nach do ghabh o'n dòrtadh dian;
B'fheàrr leoth' bhith 'gam bàthadh
'S a bhith sàsachadh am miann.

Nuair thàinig àm an t-Slànuighear
Bha aige dà dhuin' dheug
Bha dìleas dleasail bàigheil ris
Gach àite an d'rinn e triall;
Bha fear a bha 'na shàtan dhiubh
B'e 'n t-airgiod grànda a mhiann,
Is dhiùlt e bhunait ghràsmhor ad
Is bhàsaich e 'na bhiast.

Nuair chruthaicheadh an talamh seo
Air aithris e 's gu fìor
Gun crìochnaicheadh 'na lasair e
'S gum paisgte suas gach neul
Ach tha sìth ri mhealtainn air
Cho fad' ri mìle bliadhn';
Is dòch gun tig am beannachd sin
A Paris oirnn am bliadhn'.

'Se seo gach guidh is achanaich
A th'aig gach neach fo'n ghréin,
Gum biodh sìth gu bràth aca
'S dha'n àl tha tighinn 'nan déidh;
'S gum bitheamaid uil' 'nar bràithrean
Is gràdh againn' dha chéil'
A thòisich anns a' ghàradh
A bha aig Adhamh 's aig Eubh.

ORAN NUREMBERG

Thàinig claidheamh ceartais
Chun na h-aitreabh 'san Roinn Eòrp,
A th'ann am baile Nuremberg
A ghearradh ás droch fheòil
A rinn am murt 's am mallachadh
'S a thug an doinionn mhór
Air na h-uile thìr is àite
'S air gach fàrdach 's a robh beò.

'Sann ormsa bhiodh an t-ìongnadh
Na faodadh iad bhith beò,
Bhiodh sin air clann nan daoine
'San t-saoghal-sa gu leòir,
An t-sìth a th'air a ghealltainn dhuinn
A bha 's bhios ann ri ar beò
Ged a dh'iathadh là mu làimh,
Gheibh an t-aingidh mar is còir.

Chan urrainn dòmhsa cainnt chur air,
Air nàimhdean bha cho mór
'S a rinn a chuile call oirnn
'S a mheall air ioma dòigh
Na rìoghachdan bha teann orra,
Le foill a' tigh'nn 'nan còir
'S a' dèanamh àit dha champaidhean
'S e 'n geall air an Roinn Eòrp.

'Se shàbhail Rìoghachd Bhreatuinn
Bhith 'na h-eilein anns a' chuan,
Is gur e Caolas Shasuinn
Chùm na madaidhean ad bhuainn;
'S an uair a fhuaradh deiseil,
Chaidh am bleadraigeadh 's a' ruaig,
Is chuireadh air an glùinean iad
'S thug sin na brùidean suas.

Nuair thàinig cùirt na breith aca,
Nach b'eagallach air sgròl
Mar bha na daoine ladarn' ad
A dèanamh h-uaill á feòil;
Fhuaradh ciontach, gràineil iad
Mar bha iad an tìr nam beò,
Is ann mar sin a bha,
Chaidh 'n cur gu bàs le ròp.

O, saoilibh nach do choisinn iad
An crochadh mar a bha,
Nach ioma fiùran eireachdail,
Chaidh leagadh sìos gu làr,
Nach lìonmhor bàta marsanta,
Chaidh bhualadh ás 's i làn,
Toirt leotha sìos nam maraichean
Gu calaidhean nach tràigh.

Rugadh agus thogadh sinn
Air machraichean 's air fonn,
Thus' á bail' no ionad
Agus mis' á Innis Ghall;
An ann gu feum no cinneachadh
A bha sinn idir ann,
No'n ann gu sileadh faladh
Ann am machraichean na Fraing?

Tha gaisgeach ùr againn am bliadhna.
'gar riaghladh a ni feum,
ridire Ben Smith tha mór
nach leig na slòigh fo éis;
bithidh sinn cho reamhar ris na ròin
's gach seòrs' againn chum feum,
is fhuair e cliù is urram mhór
air feadh Roinn Eòrp gu léir.

Bha e an America ud thall
's e ag inns dhaibh mu'n dòigh,
mar a bha Ghearmailt air fàs gann
a dh'annlan dha cuid seòid,
a bha 's a' mhurt 's a loisg a' chlann
's a rinn an call bha mór;
Is gheibh iad nise biadh is bàidh
is càirdeas agus lòn.

O seinnidh mi gu h-àrd a chliù
's an dùthaich seo mar 's còir,
chionn gur ministear a' Chrùin
a tha 's an dionnlach chòir;
dh'fhàg e an t-aran dubh co dhiùbh
is chuir e flùr far dòigh;
is chithear dh'aithghearr dath an fhùdair
air gach dùil tha beò.

Tha mo chearcan-sa fàs trom
is fonn orra gach là;
's an coileach breac gur mór a chom
is e mar long air sàl;
cluinnidh mise e seinn a chiùil,
'gam dhùsgadh gu math tràth,
le "chock-a-doodle-doodle-doo"
gu bheil a bhrù-san lan.

28

Tha eòin nan geug air feadh gach coill
gu binn a' seinn dha 'n àl,
tha 'n crodh ag geumnaich air gach beinn
's na gamhna dol a dhàir,
na h-eich a' sitrich anns gach gleann
a' togail fonn ri 'n àl,
toirt cliù is moladh air Sir Ben,
nach do gheàrr e ham no càis.

ORAN BUAILE A' CHREAGAIN

Séisd:
Gur e mise ghabh an t-eagal
Buain na mòna 'm Buail a' Chreagain,
Gura mise ghabh an t-eagal,
'S gun d' ghabh Peigi uamhas.

'Sann againn a bha stòbh rinn milleadh
Thuit i oirnne, 's b'ann gun fhiosda,
'S chuir e fraoch agus a' fireach
'Na theine mar an truaighe.

Colas a' fhraoich a' gàirich,
Cha chumamaid rithe fàire,
Bu choma leam ged 'readh i Spàinn
Fhad 's shàbhaileadh na cruachan.

Cruachan mòna bh' aig na Michies,
Nan robh iad air a dhol 'nan teine
Bha mi aca ann am Barlinnie
Ann am measg nan uamhas.

Chaill mi sgeul air gach bearradh
'S dhùbhlaich an ceò 's a' Ghleannan,
Dhèanainn aoibhneas ris a' ghealaich
Gu sealladh mun cuairt domh.

Sgal de ghaoth tuath 'ga fannadh,
Gàire nam faoileag anns a' chladach,
Theich gach fitheach agus feannag —
Lasair 'na chuis uamhais.

Chunnaic iad o bhail' Phort-rìgh i
'S mach gun d' rinn na maoran-sìthe,
Chluinninn sgread 's a' cheò air fìdeig,
Mìltean fada bhuam ann.

Thàinig sin an geimear mór oirnn
'S bha e mar *elephant* 's a' cheò bhuam;
Bha chuid nuallanaich 's a ròlaich
Greis mhór mhór 'nam chluasan.

"Bithidh tu air beul an t-siorram,"
Thuirt e rium airson an teine;
"Theirig thusa thaigh na bidse,"
'Se thuirt mise 'n uair sin.

Tharruing e nuair sin am maide
Dol 'gam bhualadh anns a' chlaigeann;
Cha do thuig e có bh'ann Calum —
Thug mi 'm maide bhuaithe.

HÙGO AIR STUTH DONN A' BHOTUIL

Iain MacLeòid a' Bhaile Mheadhonaich
A dh'innis dhòmhsa sgeula bhreugach,
Gu robh *medicine* am bliadhna ann
Leighiseadh gach giamh is bochdainn.
Hùgu air stuth donn a' bhotuil.

Air oidhche an taigh Dhòmhaill Iain Ruairi,
Gu robh mis' air chéilidh shuas ann,
Agus dona le droch fhuachd —
Dh'innis iad mu luach a' bhotuil.
Hùgu air stuth donn a' bhotuil.

'S ann thuirt Màiri Dhòmhaill 'ic Fhionnlaigh,
"Gheibh mise e dhutsa dhionnlaich
Théid mi 'n urras roimh Bhliadhn' Uir
Nach bi dùrdan 'na do bhroilleach."
Hùgu air stuth donn a' bhotuil.

Chaidh mi suas an ath Dhi-Màirt ann,
Bha e dhachaidh aic-se bha sin,
Stuth donn le deagh àileadh
Mar thuirt Gàididh rium o thoiseach.
Hùgu air stuth donn a' bhotuil.

'S thug mi dhachaidh e mar chuala
'S dhall mi air o'n bha mi truagh dheth,
Chuir e 'n neul mi air Di-Luain
Is ghabh mi uamhas roimh'n a' bhotul.
Hùgu air stuth donn a' bhotuil.

Thòisich Peigi air mo chàineadh,
"As do rian a chaidh thu 'n dràsda
C'àit an robh thu 'nam b'e 'm bàs bh'ann?"
"Bha, aig Abrahàm 'na bhroilleach."
Hùgu air stuth donn a' bhotuil.

Fhreagair i le snodha gàire,
"Chaluim bhochd cha b'e sin d'àite
Bha thu còmhla ris an t-Sàtan
Dèanamh dhàn dha anns an droch-ait'!"
Hùgu air stuth donn a' bhotuil.

THA MI 'N DIUGH GU TINN

Tha mi 'n diugh gu tinn,
Bha mi raoir ag òl,
Le goirteas mo chinn
Chan eil nì air dòigh.
Tha mi 'n diugh gu tinn
Bha mi raoir ag òl.

Botul Dhòmhuill 'ac Cumhain
'S dh'òl mi dhe'n a' stuth ud
Chuir e mise a ghlumaig
Air an Airigh Mhóir.
Tha mi 'n diugh gu tinn
Bha mi raoir ag òl.

Gafair beag na h-aide,
'S ghabh iad air an cabair
'S ged a dh'òl e 'n drama
Gur e 'm balach George.
Tha mi 'n diugh gu tinn
Bha mi raoir ag òl.

ORAN AN T-SNEACHDA

Ochòin, 's mise fhuair e
Le fuachd agus dórainn,
Sneachda chun nan glùinean
'S mi giùlain nan ròicean
Ochòin 's mise fhuair e.

Di-Sathuirn ad a bh'ann,
Cha robh amhlan a sheòrsa,
Cha ghabh e cur an cainnt
O cho gann 's a bha'm beòthlan.

Cha chuimhn' le Dòmhnall MacCuinn
A leithid riamh a shìde,
'S ann a shaoileas mi
Dh'inns' e 'n dìle bh'air Nòah.

Cuimhne aige mu Phàdruig,
'S mu dhìle 's an Lòn Fheàrna,
'S nuair chaidh Iain Garbh a bhàthadh,
'S air bàs Maighstir Ruairi.

Chuir iad mi Phort-rìgh
A dh'iarraidh biadh is tea ann,
'S fhuair mi chuile nì,
'S chuir siud m'inntinn o bhuaireas.

Chaidh mi staigh thaigh Raghnaill,
Is laghach e ri chàirdean,
'S ma tha thu ás a' Bhràighe,
Tha Raghnall 'na dhuine uasal.

As a sin thaigh Dhòmhaill
Le botul sùgh an eòrna,
Bheireadh e dhomh dòrn,
Ach chum Mórag e bhuamsa.

C   33

'Sann a-mach an rathad
A fhuair mi Dà'idh Phàdruig,
Is thòisich sinn air *Walker,*
'S gum b'àraid mu chuairt sinn.

'Sann aig a' Bheinn Mhóir
A dhealaich e rium, bròinein,
'S thuirt e sileadh dheòir,
"Gheibh iad reòdhte ri bruaich thu."

ORAN AN EARRAICH

Horó 'sann agams' tha 'n tàire
Ri dìreadh nam bruthaichean àrda;
Tha 'n t-earrach seo fada,
'S tha 'n inneir gun tarruing,
Cha d' chuir mi 's an talamh 'm buntàta.

'Se mise tha seo 'na mo thruaghan
A' cladhach an inneir 's a' luathaidh;
Cliabh air mo dhrannaig a' cosnadh m'arain
O Rì le fallus mo ghruaidhe.

'S tha beagan 's a' bhaile ri spòrsa,
Bha'n tarruing a bh'agam cho neònach;
Iad ag éigheach 's a' magadh, "A faca sibh Calum
'Na sheasamh 's a' lagaisg 's *plus-fours* air?"

'N àm dùsgadh 's a' mhaduinn is éirigh
Tha m'inntinn-s' uile gu léire
Air obair an earraich 's gu feumamaid aiseal
Ged thigeadh e dhachaidh á Eirinn.

Ma gheibh sinn gin idir gu sìorruidh,
O dh'fheumar fhaighinn am bliadhna;
Ge b'ann ach an t-eallach gun dèanadh e tharruing
'S bhiodh socair aig Calum am bliadhna.

AN T-AISEAL MEANMHNACH

Séisd:
Coma leam fhìn
dhe'n an aiseal mheanmhnach
A bh'aig Ian MacLeòid,
'S cha mhór nach d'rinn e marbhadh;
'S coma leam fhìn
dhe'n an aiseal mheanmhnach.

Seonaidh Mac a' Phearsain,
bodach fallain smearail,
Math 's air stiùireadh aiseil
's a tha'n diugh an Alba.

Bha e latha cliathadh
a's a' Bhaile Mheadhonach,
'S gun d' dh'fhàg aiseal Iain
gu math fiadhaich 's cearbte e.

Dhall e air a shràcadh,
'S thòisich e ri càineadh,
'S gu robh Bhuaile Chàrnaich
Ann an gàbhadh garbh leis.

Dh'éigh Aonghus Beag, "A Shaoghail,
Beiribh air an t-slaodair
'S iarramaid Fear-Saoraidh
Man téid daoine mharbhadh."

Crodh a' Bhaile Mheadhonaich
Ann an imeas riaslaidh
Gun teannadh e ri sìolachd,
'S iad am bliadhn' gun tarbh ac'.

NUAIR CHAIDH NA SGIATHANAICH
A LEODHAS

Bha an t-Eilean Sgiathanach ainmeil riamh
Airson dhaoine ciallach snasail,
Math gu cur is buain is feurach—
Bha iad riamh ri obair fearainn;
Dh'fhalbh buidheann ás a Leódhas,
Null a Steòrnabhagh air aiseag,
Gu faiceadh iad mar a bha iad ag àiteach
Anns a' cheàrnaidh ud de 'n talamh.

Nuair a theàrn iad am fàradh
O'n a' bhàta chun a' chiodha,
Chualas éigheach muinntir Leódhais
Anns an Oban 's an Tiriodha;
Theireadh cuid dhiubh, "Sann á Mars iad,"
"Flying Saucers," thuirt clann-nighean,
"Is cumaibh dhiubh air taobh na gaoithe
Gus an cluinn sinn iad a' bruidhinn."

Nuair a chuala iad a' Ghàidhlig,
Gun robh iad nàdurra agus firionn—
"Chan eil annt ach bodaich ghrànda,"
Thuirt caileag bhàn á Baile 'n Truiseil.
Dh'éigh cailleach á Siabost,
"Bithibh a chlann-nighean 'nar faire!
Sean no òg dha bheil an Sgiathanach
Bha o riamh math air carachd."

Chaidh an ceòl air feadh na fìdhle,
Sgal na pìoba air gach bealach;
"Over the Sea to Skye" 'ga sheinn iad,
Cuid a' dannsadh is cuid ag aithris
Air bodaich bheaga an Eilean Sgiathanaich,
"Có a Dhia a leig a-mach iad?
Ma théid am bàthadh 's na puill-mhònadh
Bithidh Eilean a' Cheò air a mhasladh."

Thill na Sgiathanaich sàbhailt;
Chan fhaca mise càil a thachair;
Tha iad a' buain 's a' cur mar b'àbhaist,
Buntàta 'ga chur as t-earrach;
Ach tha aon rud a théid a radha,
Is cha b'fheàrr dhòmhsa a chanail—
Ach biodh sin mar a tha e—
Chuir sibh an t-àite Thaigh-na-Galadh.

UILEBHEIST LOCH NIS

Séisd:
Faca sibh no 'n cuala sibh
Bhiast uamhasash mhór ad?
Air Loch Nis mu thuath ann,
Mo thruaighe théid 'na chòir-san.

Chuir rùnaire na stàite
Collins tha air a' chomunn,
Luchd nam putain bhàna,
G'a gheàrd o luchd fòirneirt.

Ceann air mar air àigeach,
Colainn mar air càrnaig—
O dòcha gur e sàtan
Tha 'n dràsda air ar tòir-ne.

Cuiridh sinn fios a dh'Eirinn
A dh'ionnsaigh De Valera,
'S gun tig oirnn na *Sinn-féiners*
'Nan treudan le ròpa.

Bha cuid a bha 'ga dhearbhadh,
'S cuid bha ann an dearmad
'S bha eagal air na cailleachan
Gum marbhadh e Dody.

37

ORAN A' CHOILICH

Hóro 'n coileach, haoro 'n coileach,
Hóro 'n coileach rinn mo thàire,
Dh'fhalbh e bhuainn, o cà 'n do thriall e?
Chan eil sgeul air anns an àite.

Ma chunna tu e nach robh e briagha
Cìrean sgiamhach air mar sgàrlaid,
Itean donn am bàrr nan sgiath air'
Có a' bhiast a chuir gu bàs e.

Shiubhail mi gach lag is mòinteach,
Bh'ann an Osglan 's mu'n a' ghàrradh,
Ach cha d' fhuair mi esan, bròinein,
Dh'fhàg siud brònach mo chàirdean.

'Sann a siud a bha 'n commandair
Cha robh anns a' Fhraing na b'fheàrr n'e;
Cha tugadh e a chùl dha nàimhdean,
Ris an t-srainnseir bha e bàigheil.

'S dòch gun d' dh'fhalbh e air an iteig,
Ruige Hirt 's gun d' ghabh e 'n t-àite,
Is gun till e oirnn 'na chabhaig
Toirt nan cearcan air 'n Dun-àra.

No dh'fhalbh e air na *sea-planes*
Ghabhail sgrìob os cinn an àite,
Is gun d'thug iad dhan a' rìgh e
Air a dhìnneir am Braemàr.

'Se a fhuair e Calum Michie
'S e air ithe chun nan cnàmhan;
Chuile h-uair a chì mi isein
Saoilidh mise gur e dh'fhàg e.

ORAN AN AISEIL

Rugadh mise ann an Gead an t-Saillear,
Baile beag a tha 's a' Bhràighe,
Is e fo shailean na beinn bhòidheach;
'S ann a fhuaradh na h-àrmuinn,
Ach 'se dh'fhàg an sgeula duilich
Nach eil duine an diugh dhiubh làthair
Dhe na seòid a thug na buillean
Anns a chòmhrag aig a' bhlàr ann.

Cha b'e siud a dhùisg mo rann-sa
Aig an àm seo mar a tha e,
Ach ciamar a thàinig na h-aiseil
Gu bhi fantainn anns a' Bhràighe;
Innsidh mise am beagan bhriathran
Mar is fìor is mar a bha e;
Mousgeid rinn MacPhàrlain Ghrianaig
Dh'fhàg na biastan ud 's an àite.

Bha dithis maighdeann 's a' bhaile,
Te air an robh Anna, agus Màiri;
Chuir iad fios air falbh a Ghrianaig
Is iad ag iarraidh buntàta;
Kerr's Pinks a bha iad ag iarraidh
'Se bu lìonmhoire gu fàs dhaibh,
Is dh'fhàg iad Pink ás anns an dìochuimhn
As an litir chiallach chàirdeil.

Nuair a dh'fhosgladh an Grianaig an litir
'S a chunnacas am fios a bha innte—
" 'Se tha iad ag iarraidh ach chair
A's a' Bhràighe," ars MacPhàrlain;
"Cuiribh fear air falbh le réile
Na biodh mionaid fhéin a dhàil ann."
Is chuireadh gu ciodha Phort-rìgh e
Is chuir Port-rìgh fios chun a' Bhràighe.

39

Dh'fhalbh na gruagaichean air maduinn
Foghainteach sgairteil mar a bha iad,
Rachadh iad ri muir is monadh
'Sann a' trotan a bha iad;
Nuair ràinig iad stòr a' bhaile
'S a chunnaic iad an rud a thàinig,
"Nach e an tràill e," ars Anna;
"Madadh," 'se thuirt Màiri.

Chaidh telegram air falbh an uairsin
Glé luath gu MacPhàrlain:
"Send as required," 'se fhuair e;
Ass a sgrìobh Màiri.
Muinntir Ghrianaig rinn an lasgraich;
"Aiseal, 'se bh'ann," thuirt àsan,
"Is cuiribh fear air falbh le réile dhaibh
Na biodh mionaid fhéin de dhàil ann."

Tighinn a-mach ann am Port-rìgh dha
Bha e pìobaireachd 's a' ràinich,
Is chuir iad a stigh dhan a' stòr e
Cha b'e ròp a bh'air ach *hawser*!
E cho fiadhaich ri leómhann
Is e cheart cho mór ri càmhal;
Is bha iad a' cur gainmheach 'na chluasan
Gus an cluinntir shuas 's a' Bhràighe e.

Chaidh an dàrna fios a rithist
Dh'ionnsaigh nìghneagan a' Bhràighe;
Is dh'fhalbh iad an dàrna uair
Dol a thoirt a-nuas a' bhuntàta;
Nuair a chaidh iad stigh do'n Stòr
Is sheallte am beathach mór a thàinig
Dh'éigh Anna, "Thì na glòire
Coineanach mór an t-Sàtain."

"Cum do theanga, òinnsich
'Se th'ann ach *pony*, arsa Màiri,
"Té dhe'n *bhreed* a bh'aig Ioseph
Nuair a dh'fhògradh e bho chàirdean;
Bheir sinn dhachaidh e, a bhrònag—
Mur e bó a th'ann, 'se àigeach—
Is bheir e am brùchd far a' Phort Mhóir dhuinn
Is bheir e mhòine far an Aird dhuinn."

DH'FHALBH MO CHU BEAG FHIN

Séisd:
Dh'fhalbh mo chù beag fhìn,
Dh'fhalbh mo chù beag dhachaidh;
Dh'fhalbh mo chù beag bhuam,
Isla ruadh a' Chreagain.
Dh'fhalbh mo chù beag fhìn.

Bha mi 'ga do chaoidh,
'S mi bha tinn air maduinn,
Cur a dh'iarraidh *Marr*
Is MacAidh mo charaid.
Dh'fhalbh mo chù beag fhìn.

Cha b'aithne dhòmhsa dòigh
Thu bhith beò na b'fhaide,
Bha thu fulang cràidh
Agus cnàmh le galair.
Dh'fhalbh mo chù beag fhìn.

Thug mi vet a nuas
Iomadh uair gus d'fhaicinn,
'S thuirt e rium fadheòidh
Nach robh dòchas aige,
Dh'fhalbh mo chù beag fhìn.

Tha thu 'n diugh fo'n tom
Paisgte teann 's a' raineach,
Shìos ri taobh na tràigh,
Ri gàirich a' chladaich.

41

ORAN BATA NAM BREAC

Chì mi bhuam, fada bhuam,
Chì mi bhuam air an t-sàl,
Chì mi *Màiri Bhàn* a' chuain,
Fada bhuam air muir-làn.
Chì mi bhuam, fada bhuam.

Chì mi nuas i aig an Aird,
Muir a' gàirich ri sròin,
Inneal iarainn innt' nach tàmh
'S cha bhi ràmh rith' no seòl.

Iasgairean nam breac air bòrd,
Clann 'ic Mhathain òg a' Bhràigh,
Aonghus a' Hearaich is Murchadh Mór
Fir tha eòlach 's gach ceàrn.

Fir dha'm b'aithne 's a bha riamh
Tarruing lìon agus ròp,
'S canaidh mise seo 'nam rann
Deagh cheann ghillean òg.

ORAN SGOIL A' BHRAIGHE

Fail óro mar tha mi,
Gur tùrsach an t-àite,
'N taigh-sgoile oirnn a dhùnadh,
A dh'ionnsaich na h-àrmuinn.
Faill óro mar tha mi.

'Se barantas an fhoghluim
A dh'adhbhraich 's a dh'àithn' e,
Gun dùinte sgoil an Olaich,
Gainn' òigridh 's a' Bhràighe.

Far robh na ceudan còmhladh,
Cha bheò an diugh pàirt dhiubh,
Sgoilearan cho mór innt,
Dh'fhàg pròiseil an t-àite.

Sgoilearan cho ainmeil
'S tha 'n ainm anns gach ceàrnaidh,
Clann Neacail 's clann 'ic Fhionnlaigh,
Ro chliùiteach a bha iad.

Cha robh innte 'm bliadhna
Ach sianar air fhàgail,
Is thug iad sgoil Phort-rìgh iad,
'S bidh 'n tìr seo 'na fàsach.

'N tìr bheairteach 's pailteas sluaigh innt'
Chaidh fhuadach mar thràillean,
Cha b'e aingidheachd a ghluais iad,
Ach uachdarain ghràineil.

Chaidh iad feadh an t-saoghail
Ar daoine 's ar càirdean,
Toirt urram agus cliù
Air an dùthaich a dh'fhàg iad.

'S an té a ghlas i suas
Bha i suairc anns an àite
A Uibhist ghorm mu thuath
Bha bhean-uasal bha tàmh innt.

BLAR CHAOL-ACUINN

Bha 'n t-Sàbaid riamh 's an Eilean Sgitheanach
Air a cumail Diadhaidh glan ann;
Bha o chionn chiadan bliadhna
Le sìth is sìochaint is beannachd;
Thàinig taisbeanadh am bliadhna
O gu sìorruidh a ni magadh!
Nuair thàinig luchd-turuis na Sàbaid
Nall a Chaol-Acuinn air maduinn.

Thàinig iad sin gu dearbha
Agus 's doirbh an nì a thachair;
Choinnich fir na h-Eaglais Shaoir riu,
Bodaich fhaoin a' dol a shabaid;
Cuid do dh'éildeirean ag iarraidh—
'S ó nach cianail seo 'ga labhairt—
Iad a thoirt leotha claidheamhnan meirgeach
'N e daoine mharbhadh bu mhath leo'?

Nach e seo na fir bha làidir,
Saoil 'n e gràs a ghluais na balaich?
Chuala mi e air a radha
Gu robh pàirt dhiubh air robh drama . . .
Na boireannaich a' gul 's ag éigheach
"Go away, you Sabbath-breakers!"
Nam b'e maduinn Di-Luain bh'ann
Bhiodh bùird suas le *Bed and Breakfast.*

Thug iad Di-Sathuirn a nuas iad,
M'an d'readh an truailleadh le peacadh;
Do dhaoine a bha fada na b'fheàrr na iad,
'Nan cànan 's 'nan caitheamh-beatha;
Chan fhaigheadh iad greim air Shàbaid,
Chan fhaigheadh iad àite gu fantuinn;
'Sann tearc tha mhuinntir seo 's an àite—
Taing dha'n Agh nach eil iad pailt ann!

Ughdar na h-aimhreit 's na mì-riaghailt
Nach e sin an Diabhull 's a mhollachd;
'S nach e sin a bha'n Caol-Acuinn,
Mhaduinn Shàbaid seo rinn crois ann,
Rinn cuis-mhagaidh dhe'n an àite
Anns gach ceàrna th'air an domhain;
'S gun cumamaid cuimhne gu bràth air
Blàr Chaol-Acuinn mo bhonaid.

ORAN AN RIDIRE IAIN UILLEAM MACNEACAIL

Chuireadh urram mhór am bliadhn'
Air Eilean Sgiathanach na Gàidhlig;
Mac croiteir á Bràigh Ghead an t-Sailleir,
Fear de ridirean na bàn-righinn,
Iain Uilleam Mac Neacail—
Siud an gaisgeach is an t-àrmunn,
Bha dol a sgoil a' Bhràigh 'na bhalach
'S thug an eachdraidh thìr nan àrd-bheann.

Tha thu dhe'n fhìor fhuil Chlann 'ac Neacail,
'S ann á Sgoirebreac a bha sibh;
'S dhearbh thu sin, a churaidh uasail,
Anns na h-uamhasan a bha thu
'Nad oifigeach 'n arm Righ Sheòrais,
Am a' Chogaidh Mhóir 's na blàran;
'S fhuair thu cliù ann ged a b'òg thu
Ann an còmhrag ris an nàmhaid.

Gur e clann 'ac Leòid Dhruim Aoidh
B' iadsan muinntireas do mhàthar;
I bhith làthair 's i bhiodh pròiseil
Mac a b' òige chaidh cho àrd riut;
Lighiche ann am baile Lunnainn
'S fhuair an t-urram o'n a' bhàn-righinn;
'S b' eòlach sinn air Seonaidh Uilleim,
Rugadh air an Talamh Ard e.

Talamh Ard nan daoine tapaidh,
Siud na balaich a bha làidir;
'S dh'fheumadh iad a dhol a shabaid,
Air neo air an cur ás an àite;
Aig àm bualadh nam buillean
Bha Somhairle Uilleim air an àireamh,
Bu bheag a dhùil am Blàr a' Chumhaing
Gum biodh an t-urram seo 's an àite.

Crìochnaichidh mi dhut m'òran,
Guma fada beò is slàn thu;
'S thu bhith tighinn air chuairt dha'n Olach,
D'àite còmhnuidh anns a' Bhraighe;
Chionn gur toigh leat tìr nam beanntan
'S gu bheil móran ann dhe d' chàirdean,
Chan aithnicht' gu robh thu riamh air Galldachd,
Chan eil blas air cainnt do mhàthar.

DANAIDH SHOMHAIRLE MHOIR

A Dhànaidh Shomhairle Mhóir, 'se seo dhut m'òran,
'Sann a dhaoine móra bha thu,
An t-iar-ogha aig Somhairle na Pìobadh
A bha pìobaireachd aig *Quatre Bras;*
Ged a bha na fir sin pròiseil,
Bha iad còir is bha iad làidir;
Aithnichidh mis' air do shròin
Gur ann de Chlann 'ac Leòid do mhàthair.

Aithnichidh mi o do chùlaibh
Gur ann de Stiùbhardaich a' Bhràigh thu,
Thàinig á Lochan na Stòire
'S rinn an còmhnuidh anns a' cheàrn seo;
Am a' bhuairidh 's àm na còmhstri
Siud na seòid a rachadh dàna;
Mar thuirt Màiri Mhór nan Oran,
'Se Iain òg Chaidh chon a' bhàillidh.

Chaidh d' àrach an an Achadh na h-Anaid,
Dhionnlaich fhallain mar a tha thu,
'S chan eil raon nach robh thu cath air
Le do chaman anns gach àite;
Thug thu greis an arm rìgh Sheòrais,
'Se na *Lovataich* a b'fheàrr leat;
Rinn thu seirbheis mar bu deòin leat,
Anns a' Chogadh mhór a bha thu.

Chaidh thu sin a bhaile Ghlaschu,
Chumail ceartas air na sràidean
'S bha thu ann 'na do *Inspector*
'S bha luchd-creachaidh gabhail gràin ort;
Cha b'e siud a chleachd thu, charaid,
Bho Loch Fhada measg do chàirdean,
Far 'n do dh'òl thu òg am bainne
'S far an d'fhuair thu neart is slàinte.

Chan eil math dhomh dhol ro fhada,
Tha thu faisg orm an càirdeas;
Mise Calum mac Anna,
Nighean Dhòmhaill Alasdair bha Ratharsair;
B'e Alasdair mac Iain 'ic Ailein;
Anns a' chaisteal bha na h-àrmuinn
B'e iad fhéin na sàr dhaoin' uasail
Ghléidh 's a' ruaig am Prionnsa Teàrlach.

ORAN DO MHURCHADH NEACAIL MHOIR

'Se mo shunnd seinn a chliù,
Air an dionnlach as grinne
Air a bheil am meas 's an tìr,
'S miann gach nionag 'ga shireadh.
B'e mo shunnd seinn a chliù.

Seinneamaide cliù an t-seòid,
Dhòmhs' bu chòir siud air ghrinneas;
Sin agad Murchadh Neacail Mhóir,
Gille còir tha ro-mheasail.

Shiubhail e gach ceàrn fo'n ghréin,
'S bu mhath fheum air gach luingeas;
Chan eil bhòidse thug e riamh,
Nach do dh'iarradh air tilleadh.

Anns a' bhlàr bu mhiosa bh'ann
Bha e ann tarruing bidhe—
Blàr *Atlantic* a rinn call,
Luingeas naimhdeil a' sgrios ann.

Clann 'ac Neacail, na fir mhór,
Dhiubh a sheòid a bha sgiobalt,
'S boinidh tu do Chlann 'ac Leòid,
'S dh'fhàg siud pròiseil do chinneadh.

Lag a' Bhaile, bhalaich chòir,
Bha thu òg ann a' mire;
'S fhads a bhios do mhàthair beò,
Bithidh tu deònach ann tilleadh.

Iasgach sgadain a mhiann,
'S tric 'ga iarraidh gun sgur e,
Dh'ionnsaich òg cur nan lìon
Treabhadh lìonadh is struthan.

Seo agad beannachd a' bhàird,
Bith dé àit ni thu fuireach—
Fois is sìth dhut gu bràth
Meas is mànran is furan.

ORAN DO DH'EOGHAINN MAC A' PHI

Tha ceann-suidh ùr againn am bliadhn'
Cho ciatach 's tha measg Ghàidheal
A chumas suas ar cainnt 's ar ceòl
Le móralachd, le spéis
As Earra-Ghaidheal—tìr nan sonn—
Tìr chluinnear fonn air Gàidheil—
A dh'àraich Eóghainn Mac a Phì
Fear-dìdein Clann nan Gàidheal.

Guma fad thu' beò is slàn
A dhiùlnaich làidir threun,
Is tuilleadh buaidh is neart do d'làmh
Gu àrdachadh nan Gàidheal;
B'e sin do dhùrachd ás gach ceàrn,
'S tha h-uile gràdh 'nad cheum,
'S tha mo bheannachd-sa le càch
'Se mise bàrd a' Bhràigh.

Mo bheannachd cuideachd aig an dream
Rinn ceannard dhìot 'n àm feum,
Nuair tha Ghàidhlig air a call
Feadh Ghall is thìrean céin;
Cha chluinn na Gàidheil ann an cainnt
Ach cabhsaireachd gun chéill
Ach cumaidh tusa suas le strann
Fìor bhratach Clann nan Gàidheal.

ORAN DO IAIN NOBLE, EILEAN IARMAIN

Tha morair ùr an diugh 's an dùthaich,
Cliùiteach mar bu chòir dha,
Tha fuireach ann an Eilean Iarmain,
Iain th'air an òigfhear;
Tha e dhe na sàr dhaoin' uasal
Uachdaranan móra
Ach tha Iain air taobh na Gàidhlig
'S tha tìr nan àrd-bheann pròiseil.

Tha e math do mhuinntir Shléite,
Rinn e feum do mhóran;
Molaidh sinne uile a ghnìomhan,
O'n t-Srath gu Iochdar Thròdairnis;
Ach 'se rud a b'fheàrr leam
Nuair chaidh e sàs 's a' mhórchas;
Moraire Burton ged a b'àrd e
Gu làr gun tug thu shròn-san!

Tha feadhainn eile 's an Eilean Sgiathanach,
Cha b'fhiach iad 'n cur an òran;
Chan ainmich mise na sneagan
Bha cho dian a' còmhdach;
Chan fhuilingeadh iad a' Ghàidhlig
Ri taobh nan rathaidean móra;
Cha do thuig iad thusa, a churaidh uasail—
Bhuannaich thusa chòmhstri!

Uachdaran a rinn feum,
Is leugh mi fhìn le pròis e
Mun an t-sabhal mhór tha 'n Ostaig
Far an cluinnear puirt is òrain;
Tha phìob mhór an sin 'ga gleusadh
Aig céilidhean ceòlmhor,
Dannsairean air ùrlar réidh ann
Leumadraich le sòlas.

Guma fada beò thu dhiùlnaich,
Ann an dùthaich m'eòlais!
Tha mise tighinn faisg air ceann m'ùine
Fhuair mi 'n aois chaidh órduchadh;
Bith dé fhad's a bhios mi làthair
'S Gàidhlig a bhi beò leinn,
Bithidh cuimhne ortsa, Iain Uasail,
Rinn Calum Ruadh an t-òran.

ORAN DO DHONIA ETHERINGTON

Fac' sibh maighdeann dhonn nam meall-shuil
'S i air chuairt an tìr a' cheò,
Thàinig oirnn á Bail' Dhun-Eideann,
Laghach spéiseil 's i gun ghò,
Fac' sibh maighdeann dhonn nam meall-shuil?

Donia Etherington a' ghruagach
Cailin uasal shuairce chòir,
Cumail suas ar ceòl 's ar cànan
'S chuir sinn fàilt oirre le pròis.

Bha i 'g iarraidh mo chuid bàrdachd
Chaidh gun dàil leo dha'n Roinn-Eòrp';
Chuala mi gun deach mo dhànan
Dh'ionnsaigh àirdeannan bha mór.

Tlachd aic' ann an cainnt ar sìnnsir
Anns an tìr 'ga cumail beò;
I air a foghlumadh dha-rìreamh,
'S chuir i h-inntinn ann an ceòl.

Chan aithne dhòmhs' a cliù a sgrìobhadh,
'S cha ghabh ìnnse dhuibh nas mò
Air gach buaidh a bh'air a' rìbhinn,
'S i cho grinn ri neach tha beò.

Soiridh agus beannachd bhuan dhi
Mach á Eilean Uain a' Cheò
Saoghal fada, sìth is sonas
Bhith aig Donia ri beò.

POILI DHONN (NIGHEAN AIG DONIA ETHERINGTON)

Poili Dhonn, bhòidheach dhonn
Poili Dhonn, flùr na maidne
Poili Dhonn, bhòidheach dhonn.

Phoili bhig a dh'fhalbh á Poland,
Phoili bhòidheach nan sùil meallach.

Cha robh d'aois ach na deich mìosan,
Bu tu gu sìorruidh am beannachd.

Cha robh Beurla agad na Gàidhlig,
Cha robh cànan air thalamh.

Ach a' cumhaill mar bhios calman
Moch gu anmoch do chaithream.

'S iomadh fear a bhios an tòir ort
Nuair a bhios tu mór 'nad chailin.

Tighinn á Sasuinn 's a' Roinn-Eòrpa
Chòmhradh ris an òg-bhean bhanail.

ORAN DO MHORAG NICLEOID, SCALPAIDH

Mhorag NicLeòid á Scalpaidh,
Is fìor bhanacharaid thu dhòmhsa;
Tha thu ann an Oilthigh Dhun-Eidinn
A' sgrìobhadh 's a' leughadh òran.
Tha thu sin fad iomadh bliadhna
Cha dìochuimhnich mi ri m' bheò thu;
O'n a sgrìobh mi nise leabhar
Chuidich thusa mise, a Mhorag.

Tha thu siubhal fad na dùthcha,
Tha do chliù air feadh nam mòr-bheann;
Bha thu thall an dùthaich Eireann
Aig an fhéill bha sin a Mhorag;
Tha thu nis againn an Sléite
Dèanamh feum ann mar is deòn leat
Gu bhith cumail suas na Gàidhlig
A' chainnt a b'fheàrr leis na Leòdaich.

'Se sin a' chainnt a bh' aig mo mhàthair
Is i a Ratharsair nan Leòdach;
As a sin a dh'fhalbh a sìnnsir,
Bha greis de 'n tìm an Caisteal Bhrochaill;
Rinn iad falbh aig Bliadhna Theàrlaich,
As gach ceàrn gun deach am fògradh;
Chuala mi air a radha
Gun deachadh pàirt dhiubh null a Roghadal.

'Se mo dhùrachd 's mo bheannachd
Gun cluinn mi dh'aithghearr thu pòsadh,
Is gun faigh thu gille gasda
A bhios 'na thaic is 'na threòir dhut;
Thu thilleadh air ais do na Hearadh,
Scalpaidh a dh'àraich òg thu;
Ge be àite a ni thu do dhachaidh
Bithidh mo bheannachd leat, a Mhorag.

ORAN DO FHIONNLAGH DOMHNALLACH

Fhionnlaigh Dhomhnallaich á Mòrar
A Eilean a' Cheò 's na Hearadh;
'Sann á siud a bha do shìnnsir,
'S iad a' strì ri obair fearainn;
Chan fhaca mise riamh gu'm bliadhna thu
'S o, bu chiatach leam d'fhaicinn!
Bha thu ann an uchd do mhàthar
Air an tràigh ri taobh na mara.

Tha thu cuideachd dhe na h-uaislean
A bha cruadalach is tapaidh,
A Gleann-gharaidh is Chnòdart,
'S Domhnallaich mhór na Ceapaich;
Air raon Chuil-Lodair rinn iad seirbheis
Anns an argamaid a thachair,
Le'n claidheamhnan geala rùisgte
Taobh a' Phrionnsa 'gan tarruing.

Tha fuil nan Siosalach neo-thruaillidh
'S i ri gluasad 'na do phearsa,
'S cha b'i fhéin an fhuil bha suarach
'S cha bu dualach dhi bhith coimheach;
Bha á-san cuideachd ri àm Theàrlaich
Cur a' bhlàir an aghaidh Shasuinn,
Neo-chearbach a' dol ri bualadh
Leis an tuagh no leis a' chlaidheamh.

Fhionnlaigh bhig dha'n d' rinn mi 'n t-òran
Guma fad thu beò is fallain!
'Sann ort fhéin tha snuadh as bòidhche,
'S mar an ròs thu ann an gaillionn;
Tha do bhian mar chanach mòintich,
Air do chòmhdachadh an glaine
Bu tu fhéin an t-ultach luachmhor,
'Se do thogail suas bu mhath leam!

ORAN DO AONGHUS AN FHIDHLEIR

Nuair bhios mi leam fhìn bithidh tu tighinn air m'aire,
Daonnan togail fonn air Aonghus Donn à Stafoin,
Nuair bhios mi leam fhìn.

Thàine tusa dhionnlaich,
Maduinn na bliadhna ùire,
Nuair bha mi gun dùsgadh
Bha mi 'n dùsal cadail.

Bha thu seinn an òrain,
Luinneag 's aithne dhòmhsa;
'N diugh gu tinn le òl mi,
'S òg a ghabh mi 'n galair.

Thu fhéin is Madge Nic Dhiarmaid,
Caileag laghach chiallach
Chliùiteach, chiùineil, rianail,
Mùirneach, miannach, maiseach.

Botul sùgh an eòrna
Th'agad 'na do phòca,
'S thug thu drama dhòmhsa
'S thòisich òl na maidne.

Their iad 'm Bràigh Phortrìgh rium
" 'S toigh leat Aonghus an Fhìdhleir"
Leam gun toigh le fìrinn
Fhuair mi fhìn glé ghasda e.

Bithidh e nuas an còmhnuidh
'S busachan a' Chó aig;
'S nì mo chridhe sòlas
Ri Aonghus Mór mo charaid.

ORAN CHAILIDH BHUIRBH

B'fheàrr leam gun tigeadh an ceannaiche caol ad,
Tarruing na *rations* a chuile Di-Haoine,
B'fheàrr leam gun tigeadh an ceannaiche caol ad.

'Se 'n t-ainm a th'air Calum,
'S am Borbh th'e fantuinn,
A chuireas gach cailleach,
Ri faire air Di-Haoine.

Their rium mo nàbuidh,
"A faca tu 'n tràill ad
Na'n deach e le làraidh
Air sàilleamh na faochag?"

O'n fhuair thus nis carbad
Bh'aig Eaglais na h-Alba,
Gun tòisich geur-leanmhainn
An ainm an Fhir-shaoraidh.

Dol suas troimh'n a' Bhràighe
Ann am measg na *Seceders*,
Mur dèan iad do reubadh
Gun ceus iad ri craobh thu.

'Sann tha thus, a Chaluim,
'S dara taobh dhìot 'nad Ghleannach
'S bithidh cuimhn air do charaid
Chuir damh air an daoraich.

ORAN DO'N BHAN-RIGH

Piseach agus mìle fàilte
Air a bhàn-righ àluinn sgiamhach
Tha 'n diugh air chuairt an tìr na Gàidhlig,
Eileanan na h-Àirde 'n iar,
Le companach uasal gràdhach
Am prionnsa as àirde tha leatha riaghladh,
O shìol rìghrean na Gréige
Diùc Dhun-Eideann treun nach strìochdadh.

Nuair a thàine sibh air tìr oirnn
B'ann da-rìreamh leibh bha 'n t-àite
Cha robh fearann aig Clann-Dòmhnaill,
No aig Leòdach air a' là sin;
'Se bha seo ach grunnd na mórachd,
Ordugh a' gabhail àite
Seo far a robh 'n cóigeamh Seumas,
Ghabh ratreud ann am Prionnsa Teàrlach.

Chaidh sibh a chaisteal nan Leòdach
Far robh fleadh is ceòl, is mànran,
Cruinneachadh do bheag is mhór ann
Mormhair Chlann Dòmhnaill 's an àireamh;
'Se thug eòlas dhuibh air Flòraidh,
'S cha bhi i cho mór 's a b'àbhaist di,
Lùb i a glùin le pròis
Do nighean Righ Sheòrais a' bhàn-righinn.

Bha ise muigh ri cath na mara,
An ainnir fhlathail Britannia uaibhreach,
An t-seirbheis shìtheil shàmhach ghleachdach,
Dh'fhàg i 'n eachdraidh seo cho uasal
Fiaradh siar an cois a' chladaich,
Na maraichean air taobh an fhuaraidh,
Bheireadh le deòin is pròis am beatha
Mas fhaicist Ealasaid le gruaman.

As a sin a dh'Eilean Bharraidh,
Eilean mara Chlann 'ic Nèill,
Eilean nan uaislean 's nan gaisgeach
Ceatharnaich an àm an fheum;
'S fhad o'n chaidh cliù nam Barrach
Fad is farsaing air a leughadh,
'S cuiridh iad fàilte le 'm beannachd
Air a' bhàn-righ bhanail bheusach.

Sin a dh'Uibhist ghorm an eòrna,
Far na dh' fhògair am Prionnsa Teàrlach,
Far 'n d'rinn Fionnghuala Nic Dhòmhaill
Tròcair airsan an àm àmhghair;
Dha na Hearadh, suas a Leódhas,
Far am bi 'n ceòl 's an gràdh dhaibh
Eigheamaid cuideachd 's sinn còmhla,
"Guma fada beò a' bhàn-righ."

CUMHA EARCHAIDH

'N àm dùsgadh 's a' mhaduinn,
'S dol a chadal na h-oidhche,
Tha mo smuaintean-s' air astar
Chun a' chal ad a chlaoidh mi;
Null gu dùthaich *Mhalaya*
Ait nach téid ás mo chuimhne
'Sann a shìn iad thu Earchaidh
Far nach éirich thu chaoidh.

Chaidh an rathad a dhùnadh
Leis na brùidean an toiseach;
Siud a mheall air do stiùireadh
'S gun thu'n dùil ri 'n cuid mollachd;
Nam b'e sabaid no blàr bh'ann
'S cothrom làmhan 'gan tarruing,
'S ma bha thusa mar b'àbhaist dhut
Bha fear no dhà dhiubh air talamh.

Bha sinn uile fo thùrs'
Thu bhith 'n dùthaich fad ás bhuainn,
Fad o Eilean nam mór-bheann
Dh'àraich òg thu 'nad bhalach;
Eilean mùirneach do chàirdean
'S cha robh làmh dhiubh 'gad phasgadh
Fhuair sinn saighead nach fhàg sinn
Fad ar latha 'gar gaiseadh.

'Ga do chaoidh mar as còir dhuinn,
'S bhith fo bhròn mar a thachair;
Ged nach aithnicht' air mo dhòigh-s' e
Tha thu 'n comhnuidh air m'aire;
Thàinig bristeadh bha mór oirnn
Nach inns òran no earrann;
Cuiream crìoch air mo rann,
Tha mo chainnt air mo lagadh.

59

Dh'fhàg siud duilich do chàirdean,
Do bhràithrean 's do chuideachd;
Bha do pheathraichean cràiteach,
O cha b'fheàirrd' iad a' bhuill' ad;
Thriall d'athair 's do mhàthair
Mu'n tàinig an guth seo;
Bha sinn gillean ann móran
'S tusa b'òig' againn uile.

Cha chuir sinn air dìochuimhn'
A' mhìos ad dhe'n fhoghar,
An t-siathamh là dh' *October*
Mìos a' bhròin is an dragh dhuinn;
Nuair a ghearradh air falbh thu
'S gun thu anmoch 'nad latha,
Le luchd foill air an armadh
O nach searbh mar a thachair!

'Sann air oidhche Dhi-Luain bh'ann
A fhuair thus' an aiceid
'Na do charbad bha luath
'S do bhean thruagh leat dol dhachaidh;
'Se 'm peileir glas luaidhe
Rinn do bhualadh aig astar,
'S ann am mionaid na h-uarach
Dh'fhalbh do chuairt air an talamh.

CUMHA DO UILLEAM MACNEACAIL

O nach duilich ri aithris
An naidheachd a fhuair sinn,
Mu'n òigear chiùin ghaisgeil
Chaidh ás an talamh cho luath bhuainn,
Uilleam Mac Neacail
A bha fearail is uasal,
Tha e 'n diugh air a phasgadh
Anns an anart air fuar leac.

Cha b'ìongnadh do chuideachd
Bhith fo mhulad mar tha iad,
Is do phàrantan dh'fhuiling
Leis a' bhuille bha cràiteach;
An aon mhac a bha aca
Air a ghearradh cho tràth ás
'Se na carbadan mollaicht
A thug dochann a' bhàis dhut.

Dé bu sgialt do'n a' bhuille,
No do'n chuireadh a thàinig
Ann an toiseach do latha,
Agus ionnsaicht' mar bha thu;
Ged chaidh d'àrach an Glaschu
B'ann de mhuinntir a' Bhràigh thu,
Is tha d'athair bochd brònach,
'S leag an leòn seo gu làr e.

Cha thill thus' am feasd
Dh'ionnsaigh Eilean nan sgiathan,
'S bhiodh tu tighinn gach samhradh,
Agus b'annsant thu triall ann,
Gu bhith dìreadh nan stùcan
Le do rùn gu do mhianntachd,
B'e sin do bhean òg-sa
'S bithidh i brònach gu sìorruidh.

CUMHA DO CHIORSTAIDH NIC NEACAIL

'S muladach a' sgeul a chualas,
Thug a' ghaillionn chruaidh dha'n àite,
'S muladach a' sgeul a chualas.

Bu mhuladach sinn anns an Olach,
Anns an dòigh 's an d'thàinig bàs ann.

Ciorstaidh, air a robh sinn eòlach,
Fhuair i leònadh gu bàs ann.

Thàinig an teachdaire gruamach,
'S tric e bualadh 's gach àite.

Thàinig e là ud gun dùil ris,
Chan eil cunntas air a' là bh'ann.

Fead na gaoithe dol mu'n cuairt duinn,
Ceud mìle 's an uair aig àird i.

Nuallan nan tonn uaine air cladach,
Bristeadh 's a' stealladh 's a' bàirich.

Cathadh mara mach o'n Olach
Cnapan cèo an cùl na h-Airde.

Rinn e fàsach anns an Olach
'N teaghlach còir tha 'n déidh fhàgail.

Tha 'd a nis a' caoidh 's ag ionndrain,
'S bithidh iad fo throm-thùrs gu bràth ann.

Typesetting by Martin Dawson
Printed by Robert MacLehose & Co. Ltd
Printers to the University of Glasgow